AUX ARMÉES
DE FRANCE ET D'ITALIE

HYMNES POPULAIRES

Par P. DEMESTE
de Vic-Fezensac.

AUCH

IMPRIMERIE ET LITHOGRAPHIE DE FOIX FRÈRES, RUE BALGUERIE.

1859

AUX ARMÉES

DE FRANCE ET D'ITALIE

HYMNES POPULAIRES

Par P. DEMESTE

de Vic-Fezensac.

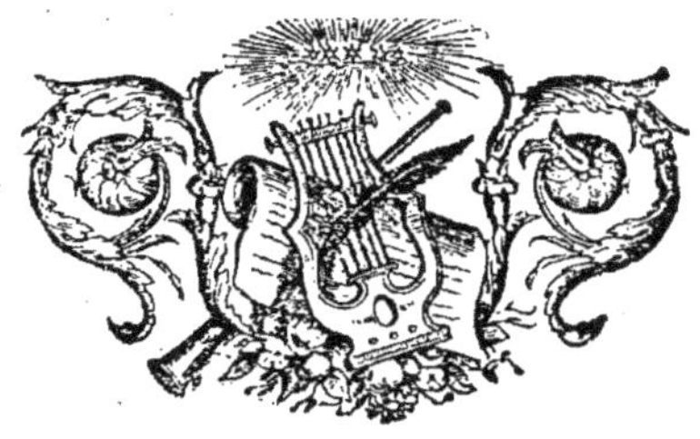

AUCH

IMPRIMERIE ET LITHOGRAPHIE DE FOIX FRÈRES, RUE BALGUÉRIE.

1859

FRANCE ET ITALIE.

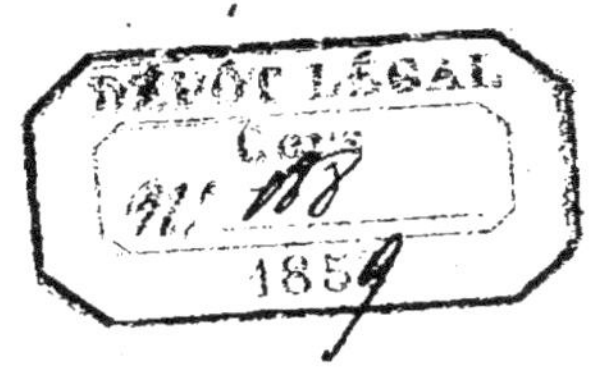

> La France combat : le sort change.
> Souffre que sa main qui te venge
> Du moins te dérobe en échange
> Une feuille de ton laurier.
>
> VICTOR HUGO.

La France a déployé le vieux drapeau d'Arcole ;

Et, comme aux jours passés, ses belliqueux soldats

Ont par-delà les monts, fils de la même école,

Affrontant des mousquets la mitraille qui vole,

    Entonné l'hymne des combats.

C'est l'Italie en pleurs dont la voix les appelle ;

Elle a poussé vers nous de lugubres sanglots ;

Et lui tendant soudain une main fraternelle,

Comme le grand Soldat, l'Empereur a pour elle

    Armé le bras de ses héros.

En avant, courez tous ardents comme la lave,

Redoutables turcos, intrépides chasseurs,

En avant, grenadiers, et toi, brave zouave,

Courez tous pour laver les fers d'un peuple esclave

Dans le sang de ses oppresseurs.

Ils ont des vieux exploits fait renaître l'aurore,

Et dès leurs premiers pas Montebello conquis

A, jetant sur l'armée un éclat qui l'honore,

Dit à nos cœurs émus qu'il allait luire encore

Le brillant soleil d'Austerlitz.

En vain pour arrêter leur marche triomphale

L'Autriche a devant eux comme un volcan ouvert

Déployé ses canons d'où la flamme s'exhale;

Ils vont dans leur élan plus vite que la balle

Qui sort de ces tubes d'enfer.

Comme aux jours si fameux d'héroïque mémoire,
Des rives du Tessin jusques à Turbigo,
Partout ont retenti les cris de leur victoire,
Qui mêle les lauriers de notre jeune gloire
   Aux vieux lauriers de Marengo.

Près de nos bataillons, sous la même bannière,
Avec même courage allant aux mêmes feux,
Le Sarde à l'ennemi fait mordre la poussière,
Et leur roi, noble chef, dans l'ardente carrière
   Marche du pas de ses aïeux.

Déjà comme autrefois devant l'aigle de France
Nous avons vu courir les escadrons épars;
Sous sa puissante serre il a brisé leur lance,
Et prenant son essor devant eux il avance
   Au cœur même des champs lombards.

Peut-être pensais-tu qu'en France on dégénère,

Autriche, et tu croyais qu'effrayés du canon

Nos soldats aujourd'hui fuiraient sous ton tonnerre?

Tu ne savais donc pas que le chef de la guerre

      C'était encor Napoléon!

Sans crainte, ainsi qu'on vit sous les murs de Crémone

S'élancer autrefois le vainqueur du Thabor,

En face de tes feux dès que la charge sonne,

L'Empereur, oubliant qu'il porte une couronne,

      Leur enseigne à braver la mort.

France, réjouis-toi, le drapeau tricolore

Par-delà le Tessin a par un noble élan

Laissé flotter ses plis que la gloire décore,

Et déjà ses couleurs qu'un peuple libre arbore

      Se balancent dans tout Milan.

Palestro ! Magenta ! désormais dans l'histoire,

Parmi les noms vantés des grands jours d'autrefois,

Vous avez tout sanglants pris votre part de gloire ;

Jamais les noms fameux que légua la victoire

    Ne surpassèrent vos exploits.

Qu'il sorte donc enfin de tes riantes plaines,

Qu'il retourne chez lui, l'étranger détesté !

Italie ! avec nous calme tes craintes vaines ;

La France ne combat que pour briser tes chaînes

    Et te donner la liberté !

Arme donc tes enfants, renais à l'espérance,

La liberté d'un peuple est fille des douleurs ;

Chaque goutte de sang hâte ta délivrance ;

Mais aux plus beaux lauriers, tu le sais bien d'avance,

    Toujours se mêlèrent des pleurs.

MONTEBELLO.

Quel est le premier nom sorti de la victoire!

C'est un nom consacré par d'antiques exploits,

Un des noms éclatants de notre vieille histoire

Qui vient de redonner un baptême de gloire

    A ses beaux lauriers d'autrefois.

    Ainsi, par un heureux présage,

    La France trouve aux mêmes lieux

    Le premier combat qui s'engage

    Et la gloire de ses aïeux.

    Ainsi le passé recommence

    Et se lie avec l'avenir;

    Montebello, c'est l'espérance

    Avec l'éclat du souvenir.

Car ce fut un grand jour de l'épopée antique,

Le plus brave entre tous y devint immortel,

Lannes, comme un guerrier à l'allure homérique,

Y prit de la victoire un surnom héroïque,

    Noble héritage paternel.

Nos soldats sont toujours les fils de cette France

Qui promena vingt ans la gloire et sa splendeur;

Ils ont de ces grands jours déployé la vaillance

Et sous leurs pas encor la victoire s'élance

    Au cri de Vive l'Empereur !

    Montebello, c'est donc l'aurore

    Qui doit briller sur les combats

    Où vont, comme jadis encore,

    S'immortaliser nos soldats.

    Sa victoire a rouvert la route

    Que tracèrent nos vieux guerriers,

    Et nos braves sauront sans doute

    Y cueillir les mêmes lauriers.

Des souvenirs, noble symbole,

Plane toujours sur le drapeau,

Fais-nous revoir les jours d'Arcole

A côté de Montebello.

Ah! j'entends le clairon sonore;

Des cris de gloire ont éclaté.

Ils sont venus sans doute encore

Pour saluer la liberté!

A L'ITALIE.

Console-toi, la Grèce est libre;
Console-toi, plus de tyrans!

VICTOR HUGO.

Aux armes! la patrie appelle,

Enfants des champs, de la cité;

Aux armes tous, car c'est pour elle;

Sous la bannière fraternelle

Marchez au cri de liberté.

Elle a sonné pour toi l'heure de la vengeance;

Le soleil de juin a brillé dans les airs,

Et des présages sûrs ont annoncé d'avance

Ta délivrance à l'univers.

Aux armes, etc.

Comme un volcan éteint qui n'a plus de colère,

Tu semblais engourdie en un morne sommeil;

Mais semblable au volcan qui rouvre son cratère,

Que tout s'enflamme à ton réveil.

Aux armes, etc.

Italie! Italie! Ah! relève la tête!

La France et le Piémont se tenant par la main,

Rêvant ta liberté pour unique conquête

    Vont la jeter sur ton chemin.

    Aux armes, etc.

Elle peut si tu veux à ton soleil éclore.

Arme donc tes enfants, le jour est solennel;

Qu'ils viennent pour mourir ou la reprendre encore

    Dans ce suprême et grand duel.

    Aux armes, etc.

Suivez les Piémontais près de l'aigle de France;

Leur drapeau triomphant dans les mêmes hasards

A déjà de l'Autriche, abaissant l'insolence,

    Vu la victoire aux champs lombards.

    Aux armes, etc.

Gloire à ceux dont le sang arrosera tes plaines.

Nobles morts, vous vivrez dans la postérité:

Il est beau de tomber, quand on brise ses chaînes,

    Au soleil de la liberté.

    Aux armes, etc.

Il faut que dans tes champs le despotisme meure.

La liberté debout près de Napoléon

Vient à son noble appel sonner sa dernière heure

    Du souffle brûlant de son nom.

    Aux armes, etc.

Qu'il éclate partout, que de chaque poitrine

Il sorte rugissant ainsi que d'un volcan;

Qu'il fasse retentir la plaine et la colline

    Comme la voix de l'ouragan.

    Aux armes, etc.

C'est l'heure des combats et des grandes batailles;

Comme les vieux héros d'illustre souvenir

Qui vécurent jadis au sein de vos murailles,

    Accourez vaincre ou bien mourir.

    Aux armes, etc.

Il faut que chaque peuple arbore sa bannière,

Qu'il soit libre de vivre au sein de son foyer;

Il vous faut secouer la honte et la misère

    D'être courbés sous l'étranger.

    Aux armes, etc.

Rappelle ton passé lorsque, reine du monde,

Au lieu d'en recevoir tu lui dictais des lois;

Fais surgir en ton sein, toujours mère féconde,

    Tes nobles guerriers d'autrefois.

    Aux armes, etc.

Marche sous l'étendard de France et de Savoie,

Il vole vers la gloire au pas du souverain;

Viens, et que tes enfants, suivant la même voie,

Arment leur bras du même airain.

Aux armes, etc.

Accours vers l'étranger comme une chasseresse

Qui poursuit et qui traque un lion rugissant,

Frappe, et toujours sans fin que ton sabre le presse

Et se rougisse de son sang.

Aux armes, etc.

Allez, et que bientôt à son passé rendue

Elle assiste au réveil de toutes ses splendeurs,

Qu'elle reprenne enfin la liberté perdue

Qu'elle arrosa de tant de pleurs.

Aux armes, etc.

L'Europe qui te vit courbant sous les outrages
Ne saurait te punir d'aimer la liberté;
Un peuple quand il peut doit, brisant ses entraves,
    Vaincre ou mourir à leur côté.

    Aux armes, etc.

Et s'il est de grands noms aux fastes de l'histoire
De la Grèce, de Rome ou de nos conquérants,
Au monarque français l'impérissable gloire
    De briller parmi les plus grands.

    Aux armes, etc.

Il osa protéger tes peuplades tremblantes;
Et, jetant sur ton sol de mâles défenseurs,
Il vint pour y creuser de ses mains si vaillantes
    Le tombeau de tes oppresseurs.

    Aux armes! la patrie appelle,
    Enfants des champs, de la cité;
    Aux armes tous, car c'est pour elle;
    Sous la bannière fraternelle
    Marchez aux cris de liberté.